书面声明和礼仪用语

胡明扬 著

外语教学与研究出版社
北京

图书在版编目(CIP)数据

书面称谓和礼仪用语/ 胡明扬著. — 北京：外语教学与研究出版社，2011.7
ISBN 978-7-5135-1047-9

Ⅰ. ①书… Ⅱ. ①胡… Ⅲ. ①礼仪—社会习惯语—中国 Ⅳ. ①H136.4

中国版本图书馆 CIP 数据核字 (2011) 第 139521 号

悠游网—外语学习 一网打尽
www.2u4u.com.cn
阅读、视听、测试、交流、共享
提供海量电子文档、视频、MP3、手机应用下载！

出 版 人：于春迟
责任编辑：孙亚娟
装帧设计：孙莉明
出版发行：外语教学与研究出版社
社　　址：北京市西三环北路 19 号（100089）
网　　址：http://www.fltrp.com
印　　刷：中国农业出版社印刷厂
开　　本：880×1230　1/32
印　　张：3.5
版　　次：2011 年 7 月第 1 版　2011 年 7 月第 1 次印刷
书　　号：ISBN 978-7-5135-1047-9
定　　价：16.00 元
＊　　＊　　＊
购书咨询：(010)88819929　电子邮箱：club@fltrp.com
如有印刷、装订质量问题，请与出版社联系
联系电话：(010)61207896　电子邮箱：zhijian@fltrp.com
制售盗版必究 举报查实奖励
版权保护办公室举报电话：(010)88817519
物料号：210470001

书面称谓 和 礼仪用语

序

任何一个人，不管在家里还是在工作单位，或是在其他社会场合，都要跟别人打招呼、说话。跟不同的人打招呼、说话，都必须根据彼此之间的不同关系、不同场合，使用不同的礼仪用语和称谓；使用不恰当的用语，使用不恰当的称谓，就会失礼，就会让人说没有教养，没有文化，不懂规矩。社会上把这种最必要的礼仪行为简称为"叫人"。每一个中国人从小都接受过"叫人"的教育，大人带孩子出门上街，见了熟人，如果是一个老年男人，就会说："乖乖，叫爷爷！"小孩子叫了一声"爷爷"，就会赢得一声赞许："真乖！"还可能得到一把糖果。见了熟人爱理不理，一声不吭，别人就会认为这个人没礼貌、傲慢，肯定也很少有人会去理他，还很可能会在背后说这个人从小缺少家教，连累父母都挨了骂。

　　由于种种原因，特别是受"文化大革命"的影响，我国传统文化和文明受到严重破坏，很多年轻人甚至连怎么称呼本家人和亲戚都不知道了，怎样在家庭和社交场合正确得体地使用礼仪用语就更不清楚了，所以现在有些年轻人结婚要特聘礼仪小姐来主持见面礼，因为连本家、亲戚、世交该怎么称呼都不知道了；至于我们为什么使用这样那样的礼仪用语的背景文化内涵当然就更不明白了。因此，在这些方面做些探讨和介绍也许不完全是多余的。

目 录

一 现代汉语见面称谓用语……………… 1
　（一）家庭成员之间的招呼用语………… 1
　（二）邻里亲友之间的称谓用语………… 3
　（三）社交称谓用语……………………… 6
二 汉语问候用语………………………… 30
　（一）亲友邻里之间的问候用语………… 30
　（二）社交问候用语……………………… 31
三 汉语寒暄用语………………………… 35
四 汉语分手辞别用语…………………… 38
五 汉语祝贺用语………………………… 40
　（一）生日祝贺语………………………… 40
　（二）婚庆祝贺语………………………… 42
　（三）新年祝贺语………………………… 42

六　汉语慰问用语……………………………45
七　汉语致谢和致歉用语………………………46
　　（一）汉语致谢用语……………………46
　　（二）汉语致歉用语……………………50
八　现代汉语书面称谓用语……………………54
　　（一）信封上的称谓……………………54
　　（二）书信正文的称谓…………………56
　　（三）赠书等的礼貌用语………………59
九　传统书面社交称谓用语……………………61
　　（一）学术辈分…………………………63
　　（二）师生关系…………………………71
　　（三）亲友称谓…………………………78
　　（四）社交称谓…………………………82

附录　70年代北京话的称谓系统……………85
　　（一）亲属称谓…………………………85
　　（二）社交称谓…………………………98

一　现代汉语见面称谓用语

中华民族是一个非常重视人伦亲情的礼仪之邦，各种称谓用语反映了人与人之间的各种关系，男女有别，长幼有序，亲疏不同，在现代的称谓语中仍然有所反映，而在某些封建意识强烈的人群中还有尊卑森严的遗迹。

中华民族这种传统形成了巨大的凝聚力，因此亲属称谓高度泛化，渗透到社会交际的各个领域，这一点在西方民族看来是永远无法理解的。

（一）家庭成员之间的招呼用语

家庭成员每天第一次见面时，小辈和年幼的都应该主动先向长辈和年长的同辈打招呼，这是中华传统礼仪，是绝对不能忽略的。招呼语主要是要"叫人",也就是使用恰当的称谓招呼长辈和年长的同辈,如"爷爷""奶奶""爸爸""妈妈""哥哥""姐姐"等等,一般往往同时说一句和当时的具体场合相关的话,如"爷爷,您起来了?""爸,您洗了(脸了)?""姐,你吃了早饭了?"之类的话。这些表面看起来像是问话的话实际上不是问话,因此也不需要回答,而是一种老百姓最常用的招呼语,意思是"我见到您(你)了,我在跟您(你)打招呼呢"。对方可以回答"起来了""洗了""吃了",或者点头示意,或者答应一声"嗯",或者说什么都可以,意思都是"我知道你是在跟我打招呼呢"。有人误会这样的招呼语是真正的问话,从而作出完全错误的解释,说中国人为什么老要问别人"吃了没有",那是因为中国太穷,很多人没有吃的,所以要关心别人"吃了没有"。这当然完全是胡说。如果一大早你上厕所,碰见你爷爷也在上厕所,那你就不能再说"您吃了没有?"之类的话而只能说"您也来了?"这一类话。那么,难道是中国人没有厕所吗?其实,根据具体时间和场合,随便说一句什么话都行。叫了人，再说点什么，就表示你注意到了对方，向他致意，说什么具体的话是次要的。相反，如果你一早起来，见了奶奶，也不叫一声"奶奶"，什么话都不说，好像在你面前根本不存在奶奶这个人一样，那你就是一个完全不懂规矩、没有礼貌的人。

在父母再婚的特殊家庭中，已成年的子女对继母、继父的称谓往往是一个极其敏感的问题。有的成年子女一辈子拒绝叫继母和继父"妈妈""爸爸"，平时嗯嗯啊啊，就是不叫人，最多叫一声"阿姨""叔叔"，就是不叫"妈妈""爸爸"，这是要表明他们根本不承认父母的再婚事实。如果成年子女叫了继母、继父一声"妈妈""爸爸"，那可是一件大事，表明他们承认了新的家庭关系。因此，称谓绝不是一个简单的叫一声什么的问题。

（二）邻里亲友之间的称谓用语

邻里指的是在同一个大院或宿舍楼居住的人，亲友在这里指的是不在一起居住的本家和亲戚以及关系密切的朋友、同事等。这些不是家庭成员近似家庭成员的人，互相之间使用准亲属称谓，招呼用语跟家庭成员之间的用法相同，首先还是要"叫人"，同时还要说点儿什么，而由于不住在一起，见面的机会不多，所以往往要加上某种问候语。例如在同一个大杂院或宿舍楼居住的人，早上起来一见面，就应该打招呼："李大爷！您早！""张大妈！昨儿晚上睡好了吧？"晚上下班回家见到来串门儿的隔壁的王五，你应该主动打招呼："老王！今儿有空过来坐坐？你坐，我马上就来，我去一下卫生间。"如果大姨来了，你就应该首先叫："大姨！您来了？近来挺好？"爸爸的老同学、在教委工作的姚阿姨来了，小明赶忙迎上去叫："姚阿姨，您来了？我爸不在家，不过马上就会回来，您坐一会儿，我给您沏茶。"小明本人是一所小学的副校长，在工作上跟这位当过教委处长的姚某人有过不止一次接触，按理似乎应该称呼她"姚处长"什么的，可是他不那么称呼，而宁可称呼她"姚阿姨"，说明他更重视他爸和她是老同学这层关系。选用什么样的称谓要根据相互之间的关系来确定，关系越密切，称谓越接近真正的亲属称谓，关系越疏远，越不像真正的亲属称谓，而且会夹杂一些适用于一般同事和外人的社交称谓和问候方式。在机关大院或小区内部的路上碰到邻居和熟人，可以互相微笑点头致意，如果距离较远或一方骑自行车路过，可以挥手致意，也算打招呼了。见了熟人不打招呼，别人会认为你傲慢和没有礼貌。北京的旗人非常注重礼仪，一见面不但要打招呼，而且还要向对方的家人一一请安。因此有一段相声，说过去在北京，马路两边有两个旗人，远远一看是熟人，赶忙穿过马路，也不管来往的车辆，一边儿打千请安（还要向对方的家人一一请安），一边儿不断半跪打千，一边儿嘴里不断说："问大爷好，给大爷请安；问大妈好，给大妈请安；问大哥好，给大哥请安；问大嫂好，给大嫂请安。"相声加油添醋，说一直要问到他们家的狗和猫好。当然，对猫狗倒不必打千、请安这一套，不过这样繁琐的礼节，两个旗人一见面，互相打招呼，打千、问好、请安、问好、请安，把整条街的交通就全堵塞了！当然，这是相声的夸张，在现实生活中大概没有发生过这样的事情。

（三）社交称谓用语

如果说亲属称谓是相对固定的，"爸爸"就是"爸爸"，你不能不叫"爸爸"，改叫别的什么，那么社交称谓就是灵活的，可以选择的。同是一个名叫张三的部长，办公室新来的秘书当然只能叫他"张部长"或者"部长"；一位副总理叫他"张部长"或者"张三同志"；他的老同学来了，叫他"张三""老张"；他的老上级来了，叫他"小张"；他爷爷来了，叫他"小三儿"；他老伴儿来了，如果也是一个国家干部，城市居民出身，可能一进门，什么都不叫，只是"哎"了一声，算是打了招呼了，如果是一个农村妇女，可能还按农村的规矩，叫一声"孩子他爸"。由此可见，根据双方不同的关系，可以有各种不同的称呼，而且不同的称呼正反映了双方不同的关系。因此在社交场合和工作场合，见了人怎么称呼非常重要，既要讲礼貌，又要恰如其分：太随便，太套近乎，都不合适；太谦卑，过分恭敬，又近乎谄媚，更不合适；应该不亢不卑，合乎社会认可的称谓规范。

社交礼貌用语在不同的社交领域有所不同。社交活动大致可以分为三个领域：一个领域是工作单位，另一个领域是外出执行公务活动或是参加会议，再一个是私人外出跟不相识、也没有公务关系的人之间的社交活动。

21世纪初北京的社交称谓跟上世纪80年代改革开放以前的社交称谓相比，没有太大的变化。在机关工作的人，对上级领导一般称职务，如"张科长、李处长、王主任"等等，个别老派的人用"某某某同志"这样的敬称；在科研和教学单位，除了称呼"某主任、某处长、某校长"等以外，对同级的称呼"某老师"很普遍，称"某先生"一般限于德高望重的教授和研究员。不过在有些解放前就存在的名牌大学，互称"先生"是常规，因为解放前大中小学的教师都称"先生"，解放后就一直沿用下来了，如北京大学、北京师范大学就不用或很少使用"老师"这样的称谓，都称"先生"。但是像中国人民大学这样的解放后由党和人民政府新建的学校就不一样，最初一律互相称"同志"，学生

书面称谓和礼仪用语

和教辅人员称教师为"教员",那是沿用解放军部队中称呼文化教员的称呼。到50年代后期,就一律称"老师",不过对民主人士一概称"先生"。"文化大革命"以后这种区别就没有了,一律称"老师",但是也有少数人开始对个别德高望重的教授称"先生"。这是很有意思的。需要特别指出的是,在科研和教学单位,"教授"和"研究员"至今极少人用作面称。"教授"和"研究员"只有在隆重的社交场合,如开大会和庆典的场合才偶尔用作面称,不过在这种场合一般得用全名加"教授"和"研究员",如"王力教授""张家禄研究员"等等,但是这样的称呼是在向与会群众介绍时使用的,不是真正的面称,跟背称很难区分。对担任领导职务或德高望重的女性,除了使用职务称谓以外,在上个世纪还流行称"某大姐",如过去对邓颖超称"邓大姐",对康克清称"康大姐",对雷洁琼称"雷大姐"。对本单位中年以上的女领导干部也可以称"大姐",对年轻的女领导干部一般不称"大姐"。这种称谓源自解放区革命队伍中的称谓习惯。说起来也怪,过去对大户人家没出嫁的女儿称"小姐",对小户人家、年轻的劳动妇女反而称"大姐"。但是革命队伍里的"大姐"不是沿用对劳动妇女的称谓,而是在革命队伍内部人人平等,是兄弟姐妹,所以对年纪大一点儿的女同志就称"大姐",而年纪大一点儿,一般地位也高一点儿,这样就成了一种很亲切的"敬称"。

解放以后,"小姐"和"先生""少爷""老爷""太太"这样一些旧社会的社交称谓都作为"封建资产阶级称谓"扫进了垃圾堆。"小姐"在北京重新启用,据我所知,是1985年4月30日北京电视台五一劳动节的歌舞晚会上,主持人介绍歌星的时候,说了"某某某小姐",以后一段时间也就用来称呼歌星和一些演艺界的年轻女性,并没有在社会上流行。解放前社会上一般青年女性都可以称"小姐",因此有"某小姐"和"某某某小姐"的称谓,但是也用来称呼交际花,如《雷雨》中的陈白露小姐,《子夜》中的何曼丽小姐等。旧社会的"交际花"实际上相当于现在的所谓高级三陪,是一种有地位的个体妓女,这也许是导致"小姐"

书面称谓和礼仪用语

变味儿的一个原因。另外，解放前除了下人当面称呼本家的姑娘为"小姐"可以不带姓名以外，"小姐"一般不用作对具体某个或某一类青年女性的背称。相反，70年代重新启用"小姐"这样的称谓以后，很长一段时间里，只用来称呼女服务员和女店员，而且一般只用作面称，始终没有在学校、机关和一般社交场合用来称呼青年女性，而由于改革开放以后出现了所谓"三陪小姐"（对"三陪"有不完全相同的说法，北京一种最直截了当的说法是"陪吃饭，陪跳舞，陪睡觉"），出现了拉皮条的男服务员问顾客"要不要小姐"那样的说法，结果"小姐"就慢慢成了"妓女"的婉称，也就臭了。

解放前在教会大学，个别女老师有在自己的姓名前面加丈夫家的姓的习惯，过去我上学的上海圣约翰大学就有一位孙王国秀老师，当时也觉得挺怪，就记住了。现在香港还有这种用法，如"陈方安生""范徐丽泰"等。从电视里听来，香港对这样一些人流行称"陈太""范太"，大概是"某太太"的简称，可是从夫家的姓还是从娘家的姓似乎不太固定。要是今天在内地面对这么一位生人，真不知道该怎么称呼。外国人也一样，有时候一个很有名的人，结了婚姓名全变了，你就不知道她是谁了。过去匈牙利一个著名的女乒乓球运动员高基安，结婚以后改用了丈夫家的姓，大家看报就都不认识了。女子出嫁后放弃娘家的姓，改用夫家的姓，这是很多国家的通用习惯，中国过去也一样，所以解放初期农村的户籍本上有"张王氏""赵李氏"这样今天很多人会觉得奇奇怪怪的人名。后来宣传男女平等，把几千年来的这种风俗习惯改了，妇女结婚也就不改姓了。再加"太太"在大陆始终难以恢复，所以碰到"孙王国秀"或"范徐丽泰"就不知道该怎么称呼了。

在公务会议上，除了使用职务称谓以外，"同志"仍然是现在使用最普遍最广泛的称谓，香港那种把"同性恋者"称"同志"的现象在北京还没有市场，至少是因为北京很少人知道香港用"同志"这样的称谓来称"同性恋者"。因此，尽管"小姐"的含义已经改变，"同志"似乎还不必

书面称谓和礼仪用语

担心。

　　在学术会议上对学者使用最广泛的称谓是"先生"和"老师"，但是由于两种称谓并用，两相对比，称"老师"就显得不够尊重，因此，"先生"就用得越来越普遍。偶尔也称"同志"或使用职务称谓，不过"教授"较少用作面称，"研究员"则几乎从来不用作面称，研究员必要时改称"教授"。这不清楚是什么道理，不过现在都这么称呼，大概是认为"研究员"和"教授"同级，而"教授"这种称谓似乎更多的人熟悉，也更能接受。可能由于同样的原因，"高级工程师"要改称"教授工程师"，当然也往往称"高工"。看来"教授"这种称谓历史比较悠久，资格老，社会倾向于慢慢认可，而"研究员"和"工程师"，还有同级的"编审""译审"作为一种社交称谓似乎还没有得到多数人的认可，所以要改称"教授"或"教授级的什么"。我国历来过于重视等级，所以才有这种奇怪的称谓，其他很多国家就不那么计较，不管是副教授、正教授一概可以称"教授"。

我们还不行，一个姓李的副教授在学术会议上别人称他"李教授"而他不起来辨正，跟他过不去的同事就会责问他："我怎么不知道，什么时候你提了教授？"故意给他难堪。1984年我到上海参加一次学术会议，在开幕式上，会议主持人介绍完主席台上就座的代表以后，一位北京某研究单位的老人忽地站了起来说："我不是研究员，是副研究员！"接着上海一位老人也站了起来说："我不是教授，是副教授！"当时全场的气氛很尴尬，因为这两位都是本领域著名的专家，著作、文章很多，可是由于人际关系的原因，过了退休年龄本单位都不给他们评正职。他们站起来辨正也许有点愤愤不平的意思吧。上海的情况我不太清楚，北京那位老先生不论从哪个角度看，早该是研究员了，只是本单位的领导把自己手下几个没发表几篇文章的年轻人都提为正研究员后，名额就用完了，那位既不会吹又不会拍的老副研究员就只得以副研究员终身了。但是不公正是不公正，副研究员还只能是副研究员！按理说"副研究员""副教授"也应该是"研究员"和"教授"，主持人这么介绍也没有错，但是这两位老人不愿意领这样的虚名，立即站起来辨正，免得一些小人事后故意奚落他们。这当然跟我们目前的职称评审制度的弊端是分不开的：限名额，领导说了算，非同行专家评审。这些都是产生不公平、不公正的根源。

在社交称谓中，"老师"有泛化的倾向。"文化大革命"以后，知识分子"臭老九"的帽子暂时摘了，"老师"有点儿香了，所以演艺界开始互称"老师"，特别是电台、电视台的主持人一个劲儿称各类演员为"某某老师"，"老师"就成了演员的社交称谓了。

在日常生活中，每一个人都会接触社会上各种各样本来不认识的人。在街上走路，找不到自己要找的地方的时候，就要向不认识的人问路。前些年，很多人一张口称"师傅"，我就碰到过有人叫我"师傅"或"老师傅"的，弄得我很尴尬，特别是冲警察和解放军叫"师傅"，更让人难以接受。这些年"师傅"在北京已经渐渐淡出，称"大爷""大妈""老爷爷"的多起来了，也有称"同志"的。在北京最忌讳问路时冲人说"哎""嗨",这比什么都不说直接问"到王府井怎么走"更没礼貌,因为让人感觉这是在呼唤下人和牲畜。

到政府机关办事,"同志"仍然是最常用的称呼,因为你根本不知道对方是什么职务,没法用职务称谓,而称"师傅""老师"当然都不合适。到学校办事,当然可以称"老师",尽管对方可能不是老师而是一名行政人员。到医院称"大夫"没错,即使对方不是大夫,你叫他"大夫",他也不会反对,如果对方是护士,只会更乐意,而且"护士"不能用作称谓,除非是"护士长"。

到目前为止,社交称谓仍然存在缺环和有待改进之处。"爱人"的确跟"情人"分不清,但是在大陆已经用开了,似乎没有要改的迫切性,虽然在大庭广众之前称自己的妻子或丈夫为"爱人",的确不是最佳选择,因此最近中央电视台实话实说节目中在启用解放前使用的"先生(指丈夫)"和"太太",不过能不能推广,现在难以预料。也

礼仪用语和书面称谓

有人想推广"老婆"和"老公"的称谓,特别是一些电视剧的编剧,但是"老公、老婆"那样的称谓在旧社会只限于南方某些地方的社会下层,在新社会很少有人使用,北方更没人这样使用。现在电视台在炒作,但是恐怕未必能推广开来。在十分隆重的场合,例如外交场合,常常能听到"夫人"的说法,但是也只限于外交场合、个别官方场合和特别隆重的场合,平时是不用的。现在在电视台的某些节目中,嘉宾主持人居然称自己的妻子为"夫人",说"我的夫人怎么怎么",这是很错误的。现在我们最缺乏的是在社交场合对男性和女性的通称,过去通用的是"先生"和"小姐/太太",解放以后最最通用的是"同志",可是现在实在没辙了。当然,船到桥头自会直,社交活动越来越频繁,老百姓就会创造出一个通用的称谓来解决问题,过分担心是不必要的,也是没用的。

汉语称谓用语比任何其他礼仪用语都重要,称谓一下子就确定了人与人之间的关系,接下去的交际就必须遵循这种社会关系。你叫他舅舅,就得按对待舅舅的态度对待他。这就是为什么旧式婚礼有一项很重要的仪式就是"见面礼",这时候媒婆或介绍人要向男女双方一一介绍双方的亲族,"这是舅舅""这是大姨妈",新郎、新娘就跟着叫"舅舅""大姨妈"。在过去,对长辈还要下跪磕头,现在当然不这么做了,但是恭恭敬敬地叫一声还是必要的,长辈赶紧扶起新郎新娘,还要给红包,也就是给礼金。现在这些礼节多数人家也免了。一声称谓决定了双方一辈子的关系。因此,正确使用称谓语是怎么强调都不会过分的。在古典作品《西厢记》中,崔老夫人先是答允了张生和莺莺的婚事,可是老夫人设宴答谢张生恩情,让他们两人正式见面的时候,却让莺莺出来"见过哥哥"。这一声"哥哥"让张生和莺莺一下子明白了,老夫人要悔婚了,剧情就急转直下。由此可见,称谓的使用是多么重要而微妙,也可以算得是一门学问。

在社会交往中不使用某种称谓而直呼其名,在中国社会是极端没礼貌的,是不允许的。王力先生在"文化大革命"后的一次礼貌语言座谈会上

书面称谓和礼仪用语

说:"现在的年轻人连信封都不会写。我经常收到一些年轻人的来信,信封上就写'王力收'!怎么啦?现在'文化大革命'都结束了,我不再是牛鬼蛇神了,怎么连个'同志'都不能用?"这也许是现在很多年轻人不了解,过去只有对囚犯才能直呼其名,对一般人必须加用某种称谓。十来年前,有一次国家语委发文件,我刚收到文件,就接到电话,说这一次的文件要全部收回。我不明白是怎么回事。不久新文件发下来了,可是我查对一下,跟原来发的文件内容完全相同。我更不明白这究竟是怎么回事了。仔细两两核对,发现就是一开头画横线填写收件人姓名的后面,第一次发的文件什么都没有,换发的文件加了"先生"二字。原来如此!作为一个国家语言文字规范的权威官方机构,自己的确不应该出错,所以这样把已经发出去的文件全部收回改正是完全正确的,负责任的。

汉语的姓绝大多数是单音节的,不便称姓,除非是复姓,如"欧阳""诸葛""司马"等等,才能称姓。在同学和同事之间流行称"老张""小李"的习惯。这是一种广泛流行的平辈平级之间又

书面称谓和礼仪用语

亲切又随便的称呼方式。在校的同学年龄都比较小,"小张""小李"这种用法比较多;工作以后年龄一般比较大一点儿,"老张""老李"更普遍。但是这不是说同学之间没有人用"老张""老李"或同事之间没有人叫"小张""小李"的。这里的"老"和"小"几乎成了现代汉语的某种称谓"词缀",在一定程度上虚化了,失去了相当部分的语汇意义,不过还保留了部分原来表示年龄大小的意义。特别是"小",一般只用来称呼年龄比较小的同学和同事,并且也只有年龄比较大的同学和老师,或者年龄比较大的同事和上级才有资格称呼年龄比较小的同学或学生,同事或下级"小什么"。刚工作的青年人,如果自己已经28岁了,听处长称呼自己科的27岁的科长为"小李"而自己也称科长为"小李"就是不恰当和失礼的。这就是因为这里的"小"和"老"不完全表示年龄的大小,还有地位高低之别,两者需要兼顾。"老"表示一定程度的尊重,但是比较随便,因此在上下级之间都可以使用。上级称呼下级为"老张""老李",表示平等亲切的态度,但是下级一般不这么

现代汉语见面称谓用语

称呼上级,除非是关系相当密切、多年共事的老朋友。下级称呼上级为"小张""小李"的几乎没有,尽管这位领导的确很年轻,因为"小"还表示资格嫩的意思。年龄是相对的,地位也是相对的,所以要看使用这类称谓的人和被称呼的人之间的相互关系。一般来说,对女同学、女同事很少用"老张""老李"的称呼,因为妇女的社会心理是怕"老",不过也不绝对。我们学校有一位姓"唐"的教研室女主任,四十多岁以后不少跟她年龄相仿的女教师都叫她"老唐",她不反感,更不反对,也就这么叫开了。

在北京,或许在北方,用"小+姓"作为称谓,还可以儿化,如"小陈"儿化成"小陈儿"。可是不是所有的姓都可以儿化,如姓"李"的常常被叫作"小李子",是不是受李莲英"小李子"的影响就不清楚了。究竟哪些姓可以儿化,哪些不能儿化,是什么条件决定的,都还没有人研究清楚。

年轻人之间,特别是女青年之间,还喜欢用

书面称谓和礼仪用语

"小什么儿"的亲昵称呼,如名字中有一个"娟"字,就叫"小娟儿",有一个"月"字就叫"小月儿",但是有一个"叶"字却不叫"小叶儿",而常常叫"小叶子"。我的小孙子在幼儿园就有两个好伙伴都叫"小叶子",大人还可以叫她们"叶叶""小叶叶",那就更亲热了。这里面大概也有规律,可是我们现在不清楚,也没有人愿意花时间去研究。

除了"老"和"小"以外,称谓词缀中还有一个现在不常用的"某公"和一个现在常用的表示高度尊敬的"某老"。过去在文人之间互相称"某公"的很普遍,特别是在报刊编辑同人之间。现在很少人这么说了,偶尔这么说,就带点儿戏谑的味道。

过去地位年龄相仿的人之间互相称"字",后面还可以加"兄"(不论年龄大小)或"先生",自己则谦称用"名"。这是中国自古以来传统的称谓规范。称对方只能用"字",也就是"大名",表示尊敬,自称用"名"是谦称。"名"也就是"小名",只有长辈称小辈才能用"小名"。现在只有在一些电视剧里面才能听到这种称呼,如《新四军》里面国民党的一些将军称叶挺为"希夷"或"希夷兄",而《三国演义》中诸葛亮则自己谦称"亮怎么怎么",不说"孔明怎么怎么"。现在一般都不分"字"和"名"了,一个人就一个常用的"名字",这种称谓方式也就消失了。

"老"用在姓或名的后面,如"吴老""吕老"含有高度的敬意,对一般人不能这么称呼。从"老张"到"张老"可以说"路曼曼其修远兮",很多人一辈子享用不了这个敬称。当然下级或后辈拍马屁的特例除外。过去党中央有四老:吴玉章吴老,林伯渠林老,谢觉哉谢老,董必武董老。这几个人都是公认的德高望重的革命前辈。解放后学术界的一些德高望重的前辈也有称"老"的,如"叶圣陶叶老"。"叶老"也可以称"叶圣老""圣老"。这里面的变化也应当有规律,但是没人研究。对什么样的人才可以称"某老"并没有明确的规范,所以在使用上也有例外。

书面称谓和礼仪用语

中华礼仪不允许对人直呼其名，所以很多人对自己也不愿意自呼其名。到别人家去，一敲门，里面问："谁啊？"一个劲儿回答"我"，就是不愿意说"我是某某某"。结果里面一再问"谁啊""哪一位啊"，门外的人还是一个劲儿说"我啊"。"我"是谁？现在有的地方社会治安不太好，谁敢随便开门哪？在这种场合应该自报家门，清清楚楚地说："我是某某某。"最好说得更清楚些："我是第三中学的某某某。"这也是一种应该遵守的礼仪。目前有的年轻人很不注意礼貌，有人来找他爸爸或妈妈，一开门，来人问："某某某同志/老师在家吗？"年轻人一句"不在"，"砰"的一声就把门关上了。这真让人受不了。客人肯定在心里暗暗骂："太没家教了！"如果来人是有要紧的事情，岂不耽误了？懂礼貌的年轻人一定会说："您是哪位？怎么称呼？我爸爸刚下楼，一会儿就回来，您进来坐会儿！"如果听说过爸爸有这么一个朋友，就把客人请进来，让坐，倒茶。如果爸爸一时回不来，就会说："我爸爸不在，您有什么事儿能不能跟我说，我转告他，或者您给留个条

书面称谓和礼仪用语

儿。"这样既有礼貌,也不会耽误事儿。

　　过去有一阵子我们的商品供不应求,买东西很困难,因此售货员觉得能卖给你就是对你的一种恩惠。有一幅漫画,画一个顾客跪在售货员面前,双手托着几张钞票高高举起,恭恭敬敬说"请恩赐生梨两斤"。因为售货员的态度不太好,所以经常和顾客发生口角。如果双方都注意使用礼貌语言,本来很多摩擦是可以避免的。顾客对商品挑挑拣拣是正常的现象,谁不想买合意的商品?这时候售货员帮顾客挑选,出主意,那就什么事儿都没有,顾客还会感谢;如果不耐烦,一句"买得起就买,买不起别乱翻",肯定接下来就要吵架了。有时候顾客只是看看,看中了什么就买点儿什么,没有想买的就不买。这时候售货员不能太着急,硬要顾客买什么。那样太热情,顾客也不高兴。你在某个柜台前一站,低头看里面有什么商品,售货员立刻问你:"买什么?"你要是说"我看看",售货员就不高兴了:"看什么!不买别老站在这里!"你还没买东西,就装了一肚子气,肯定不会在这家店铺里买什么了。当然有的售货员很有礼貌,他可能问你:"您要点什么?"你要是说"我就是看看",他会客气地说"您请看",就不再麻烦你了。我有一次在伦敦的免税商店里逛,看看有什么便宜的东西可买。售货员说:"我能为您做点什么吗?"这话不刺激人,我说:"就是看看。"售货员就不再说什么了,任凭我到处走走,即使停留在某个柜台前多看几眼也不说什么。我觉得这样的服务态度不错,至少让顾客不紧张,心情舒畅。

现在一些电视剧中警察队伍里流行把局长、队长叫"张局""李队"的风气,实际生活中是不是这样,不清楚。

汉语称谓有一种倾向,称谓越长越正式、越疏远,越短越亲密。"张鹏飞张处长"很正式,表示双方是上下级工作关系,不叫处长,叫"张鹏飞同志"也一样,也很正式,这就是为什么不少人对领导不称官衔改称"某某某同志",以表示尊敬的道理,这也是党内高级领导相互之间以及对下级称"某某同志",以表示尊敬,但不提姓只提名字以表示亲密的道理。在一般同学、同事之间平时使用全名，直呼"某某某"，如果不提姓只称名就表示两人之间关系亲密，不同于一般同学、同事之间的关系，所以对异性同学和同事使用这样的称谓要慎重，要看相互之间是不是有跟别人不一般的亲密关系。如果没有特殊关系，你在别人面前称呼一个叫"龙建国"的同学或同事叫"建国"，那么别人一定会认为你跟他有特殊关系。

爱人之间的关系最亲密，所以写信时的称谓有人只用一个字，如"张鹏飞"就写个"飞"字。但是口头一般不这么使用，因为一个字不明确，听不清楚。汉语单词大多双音节化就是这个道理。父母对子女往往用重叠的方式，如名字是"鹏飞"，就叫"飞飞"，再要表示爱意，就叫"小飞飞"。但是这里面也很复杂，不是所有的字都能重叠，如名字是"建国"，这"建"字、"国"字都不能重叠，"建建"（让人联想到"贱贱"），"国国"（听起来像"蝈蝈"），都不像话。这里面的规律也值得研究。

北京过去对跟自己父母年龄相仿而没有血缘关系的男性一般称"大爷""大叔",女性称"大妈"或"大婶",解放后,在北京改称"叔叔""阿姨",这大概跟小孩子称呼解放军战士和干部为"解放军叔叔"有关系。这种称呼现在还在使用。这种称呼之所以得到推广,跟这种称呼的通用性有关。"叔叔""阿姨"没有未婚、已婚的区分,便于使用。但是,如果对方的年龄明显大于自己的父母时,称"叔叔"总有点儿不太恭敬。例如有一次,一个比我小十多岁的同事让他的孩子叫我"叔叔",我就觉得非常别扭。跟"叔叔"竞争的是南方方言区通用的、对跟自己父母年龄相仿的男性称"伯伯"的习惯。过去解放区受不少高级领导是南方人的影响流行称"伯伯"的习惯,如某些高干子弟称周恩来同志为"周伯伯"。在北京的南方高级知识分子也仍然使用"伯伯、伯母"这样的称谓。不论是"叔叔"还是"伯伯",都跟年龄没有绝对联系,仅仅是一种社交称谓而已,将来怎么发展很难预料。不过"阿姨"有明显的优势,因为既不分未婚已婚,又不分年龄大小,通用性更强。不过这些称谓的亲属性都太强，要完全成为通用的社交称谓还存在一定困难。

不同方言地区称谓不同：南方人对妈妈的妈妈叫"外婆"，妈妈的爸爸叫"外公"；北京人叫"姥姥""姥爷"。称谓很保守，有的人家搬迁到新的地方，口音改了，可是亲属称谓过了几代还不改，仍然保留原籍的称呼。除此之外，不少地方还有一些称谓方面的忌讳，有的称谓在其他地方是通用的，可是在当地是不能用的。我在1950年刚到北京的时候，一位老北京的同事好心关照我："你上街买东西，千万别叫人'老板'，那么叫会挨骂，你应该叫'掌柜的'。"因为过去"老板"在北京只用来称呼唱戏的和妓院的龟奴，那不等于骂人！过去唱戏的连本家的祠堂都不准进，是最被人瞧不起的低贱行当，妓院的龟奴就更不用说了。山东人忌讳叫人"大哥"，因为他们联想起武大郎、潘金莲的故事来了。过去北京山东人不少，所以老北京人也忌讳别人称他们"大哥"。入乡随俗，这一点也需要注意。

改革开放以后,情况有些变化,"老板"吃香了。有的人甚至把本单位的领导也叫"老板",有的研究生把导师叫"老板",因为导师领了项目,也给一块儿从事研究工作的研究生发劳务费,也许是学美国研究生称导师为boss,译成中文就成了"老板"。这种做法显然是不妥当的,可是电视剧里还这么说,而电视剧的影响很大,对规范化极为不利。

二　汉语问候用语

（一）亲友邻里之间的问候用语

　　家庭成员之间一般使用招呼语，也就是见面叫人就可以了，整天生活在一起，情况都了解，问候就没有必要了。但是如果有人不舒服了，病了，别的家庭成员，特别是小辈就应该在"叫人"以外问候长辈，如："奶奶！您好点儿吗？""爸！您舒服点儿吧？""妈！您头不疼了吧？"当然，大人一般更疼子女和孙子辈，所以长辈一样会问候小辈，如："小三儿，你舒服点儿吧？""乖乖，头还疼吗？"不生活在一起的家庭成员，偶尔来探望父母或子女，一般都会问候："近来怎么样？""身体好吗？""过得还可以吧？"在这种场合对方有必要作出实质性的回答，或者回答"挺好的""还可以""没什么事儿"等等。

(二) 社交问候用语

现在北京最通行的社交问候用语是"你(您)好"。这种问候语最早出现在改革开放初期。有人认为"你(您)好"跟英语的常用问候语"How are you？/How do you do？"有关，也许是这样，不过很难断定。1980年3月北京市发起"文明礼貌月"运动，提倡说"请""对不起""谢谢"这样三句礼貌用语，"你好"借这股东风也就推广开来了，现在连外国人见了中国人也会热情地大声说"你好"。普通人在电话里也常常互相说一声"你好"。应该注意的是"你好"的"好"应该读轻声，不能读成明显的重音的上声，那样这句话的意思就完全不同了，成了带威胁性或责问性的不礼貌的话了。俞敏先生曾经特别指出这一点，因为"你好"的"好"读上声重音，是要打架时使用的威胁性语言，或者是像林黛玉临终绝望而责问宝玉的"宝玉，你好"那样的话。另外，"你好"应该使用句尾音域降低的陈述语调，不能用句尾音域抬高的疑问语调，如果使用疑问语调很容易让人听成威胁性的"你好"。因为上声是一个降升调，跟疑问语调末尾抬高很接近。

在电话里听不清对方是谁，最好问："你（您）是哪一位？"直白白地问"你是谁"是不礼貌的。

"你好"可以在社交场合各种关系的人之间使用，但是在家庭成员之间不使用这样的问候语。在北京，对年长者和上级要说"您好"。南方没有敬称"您"，当然可以一律用"你好"。在学术界除了"你好"，有时候初次见面偶尔也有说传统的"久仰，久仰"的，这是沿用过去传统的客套，回答时常用"哪里！哪里！"，现在说"岂敢！岂敢！"的比较少，除非是老年人。"哪里！哪里！"外国人不懂，有的外地人也不懂。"哪里"大概是"哪里的话"的简略，是"从何说起"的意思，表示不敢当，是谦逊的答词。当然向前辈和知名学者问候也可以用其他意思差不多的话，如"您的很多文章我都读过""很早我就读过您的文章""我很早就听说过您的大名"等等。

由于目前汉语的社交称谓还有些缺环,所以在社交场合有时候很尴尬,不知道怎么称呼、怎么说话才好。对男老师或相当于老师的男性学者可以叫"某老师、某先生",对他的配偶可以尊称"师母"。可是如果你认识的是一位女学者,怎么称呼她的配偶呢?没法办了。不能叫"师公",至少北京绝对没有这样的称谓。没办法,一般只能也称"老师",不管他是干部还是工程师还是演员,因为你不一定知道他是干什么的。

在街上问路最不好办,单凭外貌衣着,很难正确判断对方的职业和身份,叫"大爷""大妈""老大爷""老大妈""大嫂"都不一定合适,没有办法的时候还得启用"同志"。这种场合现在不能用"小姐",因为"小姐"这种称谓现在已经变了味儿了。对小青年可以用"同学",对孩子用"小朋友"要更礼貌一点儿,可以加用问候语"你好"。在北京过去常用的问话方式是"劳驾,请问……"这种方式很好,可以不管对方是什么样的人，通用性很强，跟英语国家的"对不起，请问……"很接近，值得推广。问路是否注意文明礼貌表示一个人的素质，如果在外地或国外更代表了一个地方和一个国家的人的文明程度。1985年我从美国湾区坐地铁到圣荷西去，因为不知道方向，就向一个青年人问路。我使用的是很礼貌的说法："Excuse me! Would you please show me the way to San Jose, this way or that way？"（劳驾请您告诉我去圣荷西走哪个方向，这边还是那边？）那个青年人告诉我是站台右边的车，并且问我："你是北京来的？"我觉得非常奇怪，他怎么认出我来的？我问他："你怎么知道我是北京来的？"出乎我的意料，他说："你说话这么客气，所以我认为你是北京来的，其他地方来的人不会这么客气，很粗鲁，傲着呢！"你看，一个人的言语举止就影响到整个群体在他人心目中的形象。

三　汉语寒暄用语

寒暄用语指的是见面打了招呼以后在一起开始说话时非实质性的问寒问暖的应酬话，一般常常从了解对方的姓名、工作单位、家庭状况等开始，所以一来就会问"贵姓？"，北方人常常会回答"免'贵'，敝姓张"这类话。南方人很少这么说，而且有人还一下子听不懂什么是"免贵"。接下来可能还会问"是哪个单位的""住哪儿"。根据对方的不同年龄还可能问"家里有几口人""孩子都大了吧""爱人在哪儿工作"等等，根据对方的口音可能问"老家是哪儿""是南方人吧""咱们是同乡吧"等等。总之，是没话找话，但是一般是要通过这样的初步接触，对对方有个初步了解，如果是同乡、同姓，更希望通过简短的对话拉近相互的关系，或表示对对方的关切。在全国性的提职提薪时期，如果知道对方还不是最高的职称，还可能问"这次解决了吧"这样深表关切的话。如果对方父母年龄偏大，会问"你父母身体都好吧"之类的话。这是中国人的习惯。但是西方国家在这一点上跟我们大不相同，我们用在寒暄话里面的绝大多数话西方人不仅不用，而且犯忌。西方人对有关个人的私事都不愿意别人过问打听，所以你绝对不能问这些问题。这就是他们说的"privacy"。现在翻译成"隐私权"很不恰当。汉语的"隐私"指的是"不愿告人的或不愿公开的个人的事"（据《现代汉语词典》），特别是指有违道德和法律的不好的事情，而英语的privacy完全没有这样的含义，仅仅指他人不该过问和参与的私事，因此译成"私事"也许更恰当一些。在西方文化中，个人私事是他人无权过问的，因此你问他什么地方人，家住什么地方，在什么地方工作，妻子在什么地方工作，你要干吗？你是不是特工？这样，中国人要表示亲近、关切，全成了坏事了。因此，他们只能说"今天天气真不错""又下雨了"，或者像鲁迅概括的那样，"今天天气哈哈哈"那样跟谁都没有关系的大废话。英国的天气多变，而且很少大晴天，所以人人出门得带雨伞，关心天气就很自然。而且谈天气不涉及任何人的私事。中国人相反，说话涉及对方切身的事才是对对方的关切，才亲近，才表示是一家人。不同文化之间的差异有时候就这么大。现在我们有的人跟别人初次见面就问人家每月工资收入是多少，问女同志多大年纪，结了婚没有，这就过分了，显然也是不恰当的。

四　汉语分手辞别用语

辞行的时候，出行一方要说明去向，另一方要表示关切，如果是远行，还要叮嘱注意安全，并祝一路平安。

在日常见面后分手，最常见的礼仪用语是说一声"再见"（南方一般说"再会"），现在一些青年喜欢说"拜拜"。

到别人家里做客，临走前应该向主人道别，说"不早了，我该走了"，或"打扰了半天了，您该休息了"，或说明其他理由。如果主人家里还有其他长辈，也应该过去道别。如在老师家里，应该向师母道别，但是不必向比自己明显年轻的人一一道别。这样做显得懂规矩，有礼貌。主人也应该表示挽留，或叮嘱"走好，下次有空再来"或别的什么合适的话。一声不吭是不礼貌的。对平辈和晚辈的常客，主人站起来说"再见，有空再来""慢走，不送了"就可以了。对长辈或前辈至少应该送到楼下，客气一点儿应该送到小区大门外，对老者、外地来的稀客，最好一直送到汽车站或地铁站。

远行前到长者家辞行，那就该说明自己这次要到什么地方去办什么事，还应该问对方有什么事需要自己顺便办。长者一般要表示关心，要叮嘱对方"东西都准备好了？路上小心"或"多带些衣服，那边冷"，甚至说"家里都安排好了吗"之类的话，最后送出门，才说"一路顺风"。尽管现在大都坐火车、飞机，不再坐帆船。"一路顺风"早已经成了一句现成的送别礼仪用语，跟原来的意思没有多大关系了。

五　汉语祝贺用语

祝贺用语随不同场合而不同。现在多数人只在重大的喜事，如结婚，还有寿诞等场合才举行一定的仪式，与会的客人才使用祝贺语。但是现在也有少数人儿子考上大学要庆祝，提升了职务要庆祝，住进新房要庆祝，总而言之，有了一点儿钱，就找机会和借口聚一聚，吃一顿，热闹热闹。就目前北京的情况而言，这样的场合还限于生日寿诞、婚庆这样一些传统的喜事。为了方便，把这些聚会场合放在一起说。

（一）生日祝贺语

生日寿诞祝贺语因寿星的年龄和地位的不同而不同。过去未成年的孩子不祝寿，认为那样会折寿；现在不同了，老人生日子女不一定关心，孩子生日父母一定会操办。现在一般的祝贺语是"生日快乐"。这是西化的祝贺语，老少皆宜，所以就用开了。过去生日吃寿面、寿桃，现在改吃生日蛋糕，这也是西方的习俗。过去寿面要分送邻居，现在已经不这么做了。青年人过生日就是过生日，也不举行特别的仪式；老人和有地位的人过生日称为寿诞，一般要请客人参加，客人要送寿礼，并说一些祝贺语。过去对父母和长辈有时候说"福如东海，寿比南山"，现在没人这么说了。但是"祝长命百岁"还常说，不过现在生活好了，平均寿命延长了，说"长命百岁"要小心，不要闹笑话。据说在台湾的原国民党一位高级将领98岁生日，他一个部下祝他"长命百岁"，他一听大为恼火，大声责问："谁让你给我规定年限的？！"在大陆也同样出过笑话。有一次，政协为一位百岁民主人士祝寿，有一位政协委员发言，祝寿星"长命百岁"，引得满堂大笑，因为寿星已经是一百岁了。现在通常说"祝您健康长寿"，那样就永远没错了。

（二）婚庆祝贺语

现在北京流行的婚庆祝贺语是"祝你们幸福"，偶尔也说"祝你们美满幸福，白头偕老"；过去说的"早生贵子"现在很少人说了，因为这违反计划生育政策，而且现在不少年轻人根本不想要孩子。"百年好合"之类的旧套话也不流行了。

（三）新年祝贺语

中国人要过两个新年，一个是传统的阴历新年，另一个是阳历新年。这是由于新中国成立以后正式规定从此使用公历，也就是一般人所说的阳历，并且放假三天。但是传统的新年在中国人的生活中是无法取消的，老百姓不习惯过阳历年，照旧过传统的阴历新年。每年传统的新年前后，在中国大地上，在世界范围内，有几亿炎黄子孙从各地赶回家乡过年，年后又赶回工作单位，这在全世界都是一种极为壮观的人口流动现象。政府不能无视人民的传统习俗，因此阴历新年改称"春节"，并放假七天。但是，直到目前为止，多数人还是重视过传统的春节,而不习惯过阳历新年。阳历新年对多数人来说只是一个普通的假日,最多吃一点儿好的而已,既没有喜庆的气氛,亲友之间也不互相来往。真正的"过年"还要等到阴历新年。不过机关单位在新年会发贺年片,新派一点儿的人会打个电话问候问候,使用什么祝贺语跟阴历新年没有什么不同。现在北京通行的是"新年快乐"和"万事如意",过去流行的"恭喜发财"已经不再流行,也许在工商企业界还有人使用,一般人不再使用。 现在大家都很忙,平时没有时间互相来往,因此春节就成了互相来往、加强联系的节日。一年没来往了,到了春节再不去拜访拜访,互相之间的关系就要中断了,所以到了春节去看看亲戚朋友、老同学、老同事、老上级、老师、老同乡,联络联络感情,是十分必要的,也是中国的传统礼仪所要求的。近年来几乎家家有了电话,很多人还有手机,所以电话拜年成为时尚。电话拜年当然省事,但是毕竟不像登门拜年那么正式有礼。我有一位学术界朋友,他是吕叔湘先生的学生。我仅仅是吕先生的私淑弟子,不是吕先生的正式学生,但是我每年春节都到吕家登门拜年,以表示感激他点拨提携之恩。可是这位吕先生的学生却从来不给吕先生拜年,他说:"有时候打个电话就算了。"我听了很不舒服。平时他埋怨吕先生对他照顾不够,可是过年过节连自己去一趟拜访拜访老师都不干,你还认这个老师不认?难怪老师不特别关照你了!

六　汉语慰问用语

　　生活中不全是鲜花笑语，总有种种不如意事发生。生老病死是自然规律，无法避免。失去亲人的家庭笼罩着悲痛，需要亲朋好友的安慰、帮助和鼓励。这种情况下说什么话需要好好斟酌。对方正处在极度的悲痛之中，你表现出毫不在意的样子当然是很不恰当的，但是你如果也表示极度悲痛，加深这种悲痛气氛，也是不合适的，因此必须恰当适度。现在一般使用"节哀，保重身体"这样的话。"节哀"显然是文言，但是比直白的"请不要太悲伤"更合情理，因此就用开了。至于其他场合，如有人病了，受伤了，下岗了等等，就没有现成的慰问用语，需要大家来创造了。

七 汉语致谢和致歉用语

（一）汉语致谢用语

汉语的致谢用语现在只有一个"谢谢"，而且适用范围不广，一般只在对方的确为自己付出了特殊劳动和特别关照的时候才说"谢谢"；在家人亲友之间根本不需要表示谢意，那样说反而有见外之嫌。这和英语国家很不一样，他们说"谢谢"的场合很多，即使在家人亲友之间，"谢谢"也常常挂在嘴边。在英语电影里，女儿给妈妈端过一杯咖啡来，妈妈立刻说"谢谢"，我们看了、听了很别扭，女儿给妈妈做一点儿小事，怎么还要说"谢谢"？买东西付了钱，售货员找钱，顾客也要说"谢谢"，中国人更不习惯，难道可以不找，可以把零钱私吞了？这是不同国家的不同风俗习惯。按

书面称谓 和 礼仪用语

==我们的习惯，凡是按规矩应该做的事情，都不需要谢，只有特殊的情况才需要致谢。==女儿应该给妈妈端东西，所以不需要说"谢谢"；客人给家里的老人端水，那就要说"谢谢，不敢当"。但是西方社会不一样，不管谁给你做了一点儿事，都要表示感谢，所以才有那么多的"谢谢"。

有人给你送礼，如果不是关系十分亲近的人，中国人的习惯是先要竭力推辞，说："你这是怎么了？太客气了，拿回去你们自己使（吃/用）吧！"一句话，不能不先客气一番就收下。最后收下了礼物，当然还要说："谢谢！你太客气了。"还有一点很重要：收了礼物不能当客人的面打开来看，一定要等客人走了以后才能打开看是什么东西。这是中国人的习惯，东方国家受中国影响，也差不多。有的小孩子见有人送来了好吃的，当着客人的面急着去打开礼物，大人会立刻制止，还会说："这孩子，太没规矩了！"现在由于行贿受贿的事比较多，连普通老百姓也害怕送礼。有的研究生入学考试能不能通过还没定就来拜访，还带来了礼物，我实话实说："现在你别送礼，送了礼将来说不清楚。至于你入学以后，那就是另外一回事了。"大概由于社会上的这种种因素，所以现在出现一种怪现象：学生来了，带了礼品，偷偷往门背后哪个犄角旮旯里一放，也不言语一声，而我又比较糊涂，也没注意，日子长了，里面的水果烂了，发臭了，也不知道是谁送的。这不完全违反了送礼的初衷吗？送礼本身不是什么坏事，表示一点儿心意吧。现在一般市民的心理是送礼越贵重越好，其实这不符合送礼的本意，而是一种误区。古人说，"千里送鹅毛，物轻情意重"，正是说礼物本身是极其次要的，重要的是通过送礼物表示的情意。在这一点上西方社会的风俗值得我们参考。他们一般主要考虑对方的需要和爱好，送礼要让对方喜欢，所以别人送了礼物，他们习惯当场打开，然后认真观赏，还会说："太好了，我正想有这么一个！""太漂亮了，你想得真周到！"所以他们会考虑你需要什么，喜欢什么，而不一定很贵重。太贵重不符合相互之间的关系，会让对方不愿意接受，弄不好倒真有点儿行贿的嫌疑了。很多人大概很难置信，20世纪六七十年代中国出国人员在国外最受欢迎的礼品会是那个时候几毛钱一盒的清凉油。那是因为清凉油实用，携带方便，有点儿头疼脑热抹了管用。80年代我去统一前的民主德国，我知道尽管他们工业很发达，但是电器却落后于西方，而且很贵，所以花16块钱买了一个小收音机送给一个德国教师。她非常满意，可是说："怎么送我这么贵重的东西？"我说："才十几块钱，一点儿不贵。"后来她送我一套微型铝质茶具，一个野核桃大小的茶壶，盖子上还系一根链条，茶杯更小，但是做工很精致。我很喜欢，估计在她们那里这样的小玩具也不会太贵。只要对方喜欢就行，价钱贵不一定别人就喜欢。可是我们现在很多人送礼就很少从这方面去考虑，就是想价钱贵就好，送酒要送人头马，送烟要送大中华，那就完全错了。法国朋友来，给我带瓶人头马酒，我就收下了，因为这表示他还记得我，我谢谢他。如果是一个中国人在北京花上千块冤枉钱买一瓶人头马酒送给我，我有点儿不敢收，尽管我不是公安局长，不怕他犯了事走我的后门，我心里也会说他不会送礼，尽花冤枉钱，还不讨好，因为我现在基本上不喝酒了。

收了礼当然要表示谢谢，最好要同时表示很喜欢，很满意，那样送礼的人也会满意。

（二）汉语致歉用语

汉语似乎没有专用的致歉用语，现在常用的"对不起"是现代才出现的，而"很抱歉"只有在真正给别人带来了伤害和重大不便的时候才说，严格讲，已经不属于礼仪用语的范围。现在台湾来的人动不动喜欢说"不好意思"，大致跟大陆的"对不起"差不多，但是使用场合不完全相同。我怀疑这很可能是从旧上海的"勿好意思"演变来的。在日常生活中，中国人很少主动向别人说"对不起"。在街上，在公共交通工具上，这个人不小心碰了那个人一下儿，不小心踩了别人一脚，弄脏了人家的衣服，就这么点儿小事，三言两语就吵了起来，直到大打出手的事还少见吗？如果不小心的人主动道歉，说一声"对不起"，大概什么事儿都没有了。这方面西方国家比我们注意。我在英国就经常看到在公共汽车或地铁中五六岁的小孩子不断地在说"sorry"（"对不起"）。因为小孩子窜来窜去很容易碰这个人一下，踩那个人一脚。小孩子像本能反应那样不断说"对不起"当然是大人教育的结果，而我们教育孩子主动向别人致歉的工作显然做得很不够，亟须加强。

中国人请人吃饭，往往要说："实在没有什么可吃的，家常便饭吧！"实际上各色菜肴摆了一桌子，吃不完，剩下一大堆。这是因为中华礼仪讲究谦逊，即使摆上精心烹调的山珍海味，也要说"没有什么好吃的"。中国人都明白这是客气话，可是西方人就不明白了。你没有什么好吃的，为什么还请我吃呢？西方人相反，他们一定要说，你看，这是我太太特地烹调的，她的手艺可高了，肯定比饭馆的菜好吃，等等等等。他们要强调请你吃的是特别好的上等菜肴，非同一般。细想起来，西方人的做法更合情理。你诚心诚意请人吃饭，当然要拿出最好的菜肴来请客人吃，如果没有准备，你可以推迟请客的日期。不过，中华礼仪的核心是"夫礼者，自卑而尊人"(《礼记》)，要尊重别人，自己要谦逊，所以明明是最好的菜肴，硬要说成"没什么可吃的"。

别人请你吃饭，你当然应该表示感谢，同时也应该对酒菜表示赞扬。西方人还特别要对女主人的手艺倍加赞扬。

别人请客，你去吃饭，不管在家里还是在饭馆，都要注意"吃相"。这是南方方言的说法，英国人叫table manners(饭桌上的礼仪)。吃饭的时候不要大声说话，放碗筷要轻，咀嚼时不要张大了嘴吧嗒嘴唇出大声，不要喜欢吃的就不管别人吃不吃，一个劲儿大吃，不喜欢吃的就吐在桌子上。总之，要文雅、有礼。西方人很注意这方面的礼仪。1984年我访问英国杜伦大学，常务副校长请客，她轻声把我叫到一边，跟我说："盘子两边的刀叉是从外到里拿着使用，用过了的放在盘子上，服务员就会拿走。" 她是怕我不懂他们的礼仪，特地叮嘱我。

在国内，不论是平时在家里吃饭，还是参加

宴会，晚辈和年轻人应该让长辈和年长的人先坐，然后自己再坐；等长辈和年长的人动筷子以后自己再动筷子。不能一坐下，不等别人动筷子，自己先一个人吃起来；也不能专拣自己爱吃的大口大口吃，别的菜不吃；更不能用筷子在菜碗里面翻拨，挑里面好吃的攃。这么做别人就会认为你没规矩，没教养。

八　现代汉语书面称谓用语

（一）信封上的称谓

　　现在很多人不会写信封，真是咄咄怪事。看来我们的中小学语文课大概从来不教学生怎么写信封，所以年轻人就不知道该怎么写。70年代初我还在江西"五七"干校劳动和接受再教育，有一天中午在饭厅吃饭，有一个管收发的人大声说："请注意，有一封给'阿姨'的信，是哪一个的？到我这里来取！"原来，信封上只写了"江西鹰潭刘家中国人民大学五七干校阿姨收"。谁是谁的阿姨？结果当然没人答应。结果大概是一扔了之。这大概是一个小学生写的，情有可原。但是有的大学生、大学老师也不知道怎么写信封，所以才出现王力先生收到直书"王力收"的信件，而碰巧今年我也收到了一封直书"胡明扬收"的信件。直呼其名在中国是最不礼貌的，这一点年轻人一定要注意。1981年我在《中国教育报》上发表一篇短文，说信封上的字是给邮递员看的，所以不能写"某某某爸爸/妈妈收"等字样，同时又说最好不要用官衔，用"同志"就可以了。没想到，几个月以后，我收到《人民日报》编辑部转来两封读者来信，一封是贵州一个公务员来的，说他以前给科长写信总写"某某某科长收"，读了我的文章觉得有道理，就改写"某某某同志"，结果见到科长，科长问他"怎么我现在就不是科长了呢"？从此就给他穿小鞋。另一封信是湖南来的，这位读者说他以前写信给他爸爸，信封上都写"某某某爸爸收"，读了我的文章以后改写"某某某同志收"，结果挨了他父亲一顿痛骂。两位读者向我诉苦，因为是我的文章害苦了他们。我没有给他们回信，因为碰上那样的科长和父亲我实在无言以对！

　　信件不希望别人拆看，只希望收信人看，可以在信封上写明"某某某先生亲启"；如果有急事要事相告，可以在信封上写"急件""要件"。

托人带信，应该在信封最上面写"烦交"或"请交"，然后写收信人的地址和姓名。如果是要件，希望直接送到收信人手中，可以写"烦面交"。

另外，写信一定要字迹端正，让人能看明白，不要字迹潦草让人难以辨认。这也是对收信人起码的尊重。最后，信纸也应该用正规的信笺，至少应该用洁白的纸张。随便撕下一截旧纸，甚至用香烟包装纸翻过来当信纸使，那都是极不礼貌的。

（二）书信正文的称谓

书信正文一开头的称谓是对收信人的称呼。过去传统的尺牍有一套复杂的称谓方式，现在已经不流行了。现在使用的就是对收信人的面称，如"爸爸""二哥""张先生""李大夫""王书记"等等。称谓要顶格写，后面用逗号、冒号都可以，然后回行，空两格开始书写。所谓"顶格"就是要从文本最左边开始写。过去汉字是直写的，也就是从上到下书写,因为是从顶上往下写,所以叫顶格。过去正文中凡是涉及对方的词语都要顶格写,这是表示尊重对方,凡涉及自己的都要小写。这里的"小写"跟外文字母的小写大写无关,而是偏右侧写得小一些,现在多数人已经不这么写了。汉字横写以后,"顶格"就是从最左边写起,小写也取消了。前些年正文末了流行写"此致敬礼"。"此致"写在末行靠右的地方,一般在信纸的右半边,没有固定地方;"敬礼"两字要回行顶格写。最后另一行靠右署写信人的姓名、日期。给不相识的人或关系比较疏远的人写信,应该署姓名,给亲属、长辈、好友写信,不带姓,署名即可,也是表示对收信人的尊敬。给爱人写信也可以只署名字中的一个字,这是表示亲热。在署名前面左上方要写表示自己跟收信人的关系的称谓,如给父亲写信要署"儿某某上",给伯父、叔父写信就写"侄某某上"。最后那个"上"字是"叩上"的简略,过去对长辈就要写"叩上",也就是"叩首奉上"的意思。现在一般都省略不写了。学生给老师写信末了往往署"受业某某上",现在很多人喜欢写"学生某某"。其实，在中华文化传统中，师生关系是非常重要的一种关系，所以有"天地君亲师"五伦这种说法，不是师生关系，最好不要自称"学生"，正确的称谓是"晚"，也就是"晚生"的意思。自称"晚"对于学术界的前辈或年长的同辈都适用。但是有人误用"愚晚某某"，那就错了，因为"愚"是长辈对晚辈写信落款时用的谦称，如"愚叔、愚舅"等等。

传统的称谓中有一个"台"字，如尺牍中常见的"某某仁兄大人台鉴"等，这个"台"表示尊敬，但是只在同辈之间使用，对长辈不能用，因此电视剧中出现杨四郎给他母亲佘太君写信"母亲臺鉴"就完全是错误的，而且"臺"字也是错别字，因为用作敬称的"台"本来就是这么写的，不是繁体字"臺"的简化字。

信末的"此致敬礼"，现在用得少了，因为太军事化了。不少人现在改用"即（顺）颂近（教/编/春/夏/秋/冬）祺"等等。这原来是传统的客套话，现在也流行起来了。"祺"是"吉祥"的意思，过去曾经是一种祝贺用语。电视剧里面还有"太后吉祥"那样的话，不过现在口头没人说了，要说只在春节见面时说"吉祥如意"。那也是老年人的话，年轻人不兴这些话了。

信写完了又想起什么事情必须补写，可以在署名和日期下面回行顶格写"又及："再补写一段。当然，"又及"补写的不能比正文还长。

（三）赠书等的礼貌用语

送别人书总要写几个字，一般是写"某某同志指正"，也就是说请收书人指出哪些地方不对，以便自己改正。这当然是客套话。对长者、老师就写"教正"，这就是说，不仅仅请前辈和老师指出哪些地方写得不对要改正，而且请前辈和老师教导自己如何改进的意思。前面的称谓按规范的称谓写。老师给学生送书，称谓往往用"某某兄""某某仁弟"这样的称谓，后面可以用"指正"，不客气时也可以说"存览"或"存阅"。对同辈和前辈不能用"存览""存阅"这样的字眼，因为这些说法都是"留着读"或"保存下来阅读"的意思。给单位、图书馆送书可以写"某某图书馆惠存"等，因为送给图书馆就是要请图书馆把保存自己的著作作为对自己的恩惠。

送字画等艺术作品，一般用"雅正"。

给人送相片，一般在称谓后面写"惠存"。相片上题字一定要注意分寸，不要太套近乎，也不能失礼，因为相片不是一般的东西。

九　传统书面社交称谓用语

学术界都是有学问的人，过去特别讲究礼仪称谓，现在大大简化了，但是仍然比一般社交称谓复杂。1949年以前在学术界和文化界有一套相对稳定的书面传统社交称谓，1949年以后这样的传统称谓被当作封建糟粕而抛弃了，采用了"同志"一统天下的新的称谓系统，不过传统的称谓系统在境外和中国的香港、澳门、台湾以及国外华人中间仍在继续使用。我国改革开放以后，由于国内外的交往日益频繁，国内学术界和文化界也慢慢有人在恢复使用这种传统的书面社交称谓。但是由于今天70岁以下的人在1949年以前年纪还小，还没有进入社会，因此对过去传统的书面社交称谓的使用规范和含义不甚了了，往往只凭字面意思根据自己的理解去使用，那样就难免出错和闹笑话。平心静气来看，传统的书面社交称谓当然不见得十全十美，但是这套称谓至少在《红楼梦》时代已经形成，已沿用了有好几百年，至少也有某些可取之处，而且今天的人还想恢复使用，那就应该正确理解这套书面社交称谓系统的使用规范及其文化内涵，以便正确地使用这些称谓。

首先应该理解，传统的书面社交称谓跟口语中的社交称谓并不是一一对应的，即使跟当时的口头称谓也不是完全一一对应的。另外，由于妇女在过去不参加一般社交活动，所以极少有关于妇女的书面社交称谓。

传统的书面社交称谓严格区分尊卑、亲疏、长幼，而且每一项的内容和今天又有较大的出入，今天不了解传统书面社交称谓的人恰恰就在这些问题上出错。

中华礼仪的核心是"自卑而尊人"（《礼记》），所以传统的称谓系统中老师称学生为"兄"，如鲁迅一贯称自己的学生许广平为"广平兄",同时称听过他的课的学生为"某某兄"。这就是今天很多人最容易误解的地方。传统的亲属称谓跟口语中的称谓比较接近,但是由于是书面语,更接近古汉语,如不用"哥"或"哥哥"而用"兄",不说"爸""妈"而称"父亲""母亲"。另外,口语中也没有敬称和谦称,除非是学者"转文"。传统的学术界的辈分跟实际生活中年龄的大小不同,学术辈分是按师承关系和进入学术界的先后来区分的,这一点现在学术界很多人也是不了解的。因此,根据19世纪三四十年代前人的书信集的用例和曾经在那个时代生活过的老人的回忆,记录那个时代的传统书面社交称谓,并对有关的文化内涵稍作解释,对今天学术界文化界想启用一些传统书面称谓的人也许还有一定的参考价值。

(一)学术辈分

学术界的辈分不是按年龄来区分的,而是按师承关系和进入学术界的先后来区分的。师承关系比较简单清楚,同一个老师的学生,不论年龄差别有多大，一个是二十多岁的小伙子，一个是六七十岁的老教授，是师兄弟关系，关系比较亲密，可以称"师兄、师弟"，关系比较疏远，也比较客气，就互称"学长"。过去没有"师姐、师妹"这样的称谓，因为女子不上学，不参加社会活动，现在不一样了，因此就有了"师姐、师妹"的称谓。师兄弟和师姐妹中资格最老的往往称为"大师兄、大师姐"，资格年龄最小的就冠以"小"，不过"小"同时有亲密的色彩，关系不那么亲密就不宜用"小"。所谓资格老，是指入门的早晚，不是指年龄大小，这是跟亲属关系中区分兄弟姐妹不完全相同的。同门师兄弟姐妹属同一辈，使用的称谓和敬语是同辈的称谓和敬语。没有师承关系的只能按学术辈分来选择社交称谓和敬语。

　　学术辈分主要是按进入学术界的先后来区分的。例如有人在50年代三十出头就发表文章，步入了学术界，到70年代才五十来岁，而另一位插过队下过乡直到70年代才毕业的博士生，年龄也许比那位先生还大，毕业时已经五十好几了。但是按学术界的辈分，那位博士生只能是那位非博士生学者的后辈，因为后者是50年代的学者，而前者步入学术界最早只可能是在70年代，因此不是同一辈的学者。王力先生是赵元任先生的学生，当然不是一辈人，但是王力先生跟赵元任先生只差八岁。

但是，学术辈分的划分也不是跟年龄毫无关系。现在有一种倾向,学术辈分大致十年一个阶段，如解放前40年代就发表文章、在学术界开始知名的人属于同一辈人，50年代的人一辈，60年代一辈等等。但是也不绝对，因为像"文化大革命"时期，学校停止招生，学术活动停顿，因此60年代和70年代就可以合并成一个时期。70年代末恢复招生，有些年纪大的研究生已经四五十岁，甚至五十出头，而有的研究生才二十多岁，个别有十九岁的，互相之间年龄差别甚大，但是就学术辈分而言都属于同一辈。这样就有一个尴尬的问题。一个五十多岁的70年代的硕士或博士毕业生和一个四十多岁然而是50年代毕业而且已经发表不少文章、在学术界已经知名的同行交往，该怎么称呼？按过去比较礼貌的传统，虽然自己年纪比较大，还应该称那位年轻人为"先生"，自己谦称为"晚（生）"，而不能称呼别人为"兄"，还自以为"很客气"了。殊不知称"兄"是把别人当成"学生辈"看待了，实为"大不敬"！当然，现在也可以变通，可以称"学长"，那是平辈之间客气的称谓，或者干脆不用传统的称谓，改用"同志"得了。

在这方面最容易误解的是用年龄来替代学术辈分。有一位60年代初毕业的学者给一位比自己大十岁左右40年代毕业、50年代成名的学者送一张照片，上面写"某某学兄惠存"，让人看了别扭，怎么把人看成是学生辈了呢！这当然是因为这位60年代毕业的学者根本不了解传统的书面社交称谓的用法，以为比自己年纪大，称"兄"就表示尊敬，再加"学"就表示亲热，殊不知在传统书面社交称谓系统中，如果没有特别亲近的关系，不能按年龄大小来用"兄"和"弟"，而"学兄"更只能用来称呼自己的学生，结果就犯了"大不敬"的错误。有一次我的一个学生跟我说："丁邦新为什么那么客气？他送我一本书，写的是'某某兄指正'。"我跟他说："这怎么是客气？他称你'兄'是把你当学生辈看待了。"我的那个学生五十出头，当然不了解传统书面社交称谓的用法，可以理解。但是有些人都已经是教授了，跟境外学者经常有交往，不懂传统书面社交称谓就会闹笑话，失礼，看来还非常有必要学一学。鲁迅跟钱玄同的关系比较亲密，而且他们之间的关系是很明确的，钱玄同年龄比鲁迅小，但是鲁迅给钱玄同写信，称钱玄同为"玄同兄"表示尊重对方，不可能是把钱玄同当成自己的学生辈。过去的学术界和政界、军界的高层人物之间也常常互称"兄"或"先生"，但是只称"字"，不称"名"，因为称字是尊敬、礼貌，绝对不能称"名"，在那个年代只有长辈称小辈才称"名"。例如：毛主席字"润之"，所以当年国民党统治区的民主人士就称毛主席为"润之先生"，电影《新四军》中国民党的将领称叶挺为"希夷兄",因为叶挺字"希夷"。20世纪八九十年代,我跟张志公、徐仲华、张寿康过从甚密,互称"兄",当然没有称"弟"的,那样就太不客气了。朱德熙先生给我来信,也称"兄",我回信也称他"兄",因为我们都比较熟悉,不可能引起误会。可见按年龄大小称兄道弟,严格限于关系的确十分密切的人中间,正因为关系密切,才不可能产生误解。可是对关系不那么密切的人,却千万不要按年龄大小来称呼别人,乱用"兄"字;至于"学",既然不是同门同窗,哪儿来的"学"?当然也有为难的场合。譬如,如果江蓝生给张志公写信,怎么称呼?从师承的角度看,他们都是吕叔湘先生的学生,但是张志公跟吕先生的师生关系不那么正规,因为吕叔湘先生只是张志公先生学位论文的指导老师,不是常规的师生关系。张志公先生1945年毕业于南京金陵大学外语系,学士学位论文的选题是《从<文心雕龙>所见的中国文学传统》,外语系的老师没法指导,所以特请当时在金陵大学中国文化研究所任研究员、学贯中西的吕叔湘先生做指导教师,这样他们之间也就形成了师生关系。但是江蓝生和张志公的年龄和入室时间相差太大,当然称"大师兄"也不错,可是有点儿太套近乎,称"学长"也可以,但是太不客气,在这种特殊情况下,也许称一声"先生",自谦为"晚"更恰当一些。从这样一个特例来看,年龄大小也不是绝对不该考虑的。但是,这毕竟是一个特例。2005年台湾国民党主席连战到大陆访问,在西安到他少年时代就学的后宰门小学访问,讲演时称在场的小学生为"小学长"就是这个道理。周有光先生比我大很多,但是我们毕业于同一所大学,所以我在背后称他为我的"老学长",但是当面我一直称他"周先生"。可见,社会关系十分复杂,社交称谓的使用很不容易掌握得恰如其分,真要十分用心才行。一般来说,对比自己年长而没有同窗或其他更亲近的关系的学者,称"先生",自称"晚",永远没错。对比自己年轻而没有其他更近乎的关系的学者,称"先生"也没问题,但是最好不要称"兄",称"同志"也许最保险。现在不少年轻人给比自己年长的成名学者写信常常自称"学生"或"您/你的学生",这是一种新兴的书面社交称谓,按传统的称谓系统,自称"晚"就可以了,自称"学生"或"您/你的学生"有点儿太套近乎了,而且既然那么谦虚,用"你"就不恰当了,不过南方人不习惯用"您"也没办法。过去还有一种学生自称的用语是"受业某某",现在很少这么说了,不过也不尽然,有一次我收到一本大部头的著作,扉页上赫然正楷写着"受业某某某敬呈",可是我不认识这个"某某某",几经打听才知道他是我教公共英语课时人民大学新闻系的一个学生。这个人年纪不大,可是很懂传统书面称谓,自称"受业某某某",正是传统书面称谓的规范用法。在口头和书面,称呼自己的老师可以称"某某老师",也可以称"某(姓)老师"或者直称"老师",不带姓。不带姓比带姓更亲密,所以口头称呼以不带姓为常。在书面背称时往往用"某某(字或名)师/先生"这种称谓,也称"先生"是因为过去不称"老师",相当于现在"老师"的称谓正是"先生"。称呼其他老师要带姓,如"张老师""李老师"等。老师在书面背称学生也有称"某某君"的,如罗常培先生在《语言和文化》的序言中就称邢公畹先生为"邢庆兰君",因为邢先生是罗先生的学生。

(二)师生关系

在学术界,师生关系正像亲属关系中的父子关系那么重要。俗语说"一日为师,终身为父",就反映了这种关系的重要性。师生关系说明了学术传承,也往往说明了刚步入学术界的年轻人的学术素质和相应的学术地位。因此,年轻学者对自己的师长总是优礼有加,而且在自我介绍的时候常常会说明自己是哪位前辈学者的学生。这样会让对方更好地了解自己和自己的学术背景。学生对自己的授业老师一般叫"老师",不带姓,对其他老师要带姓,这跟工厂里徒弟称师父为"师父"不带姓,称其他的老师傅要带姓一样。我的家乡海盐的名人、商务印书馆的创始人张元济就有一段轶事很说明问题。张元济幼年丧父,是他母亲抚养大的。张老夫人教子非常严格。张元济考中进士以后,恭恭敬敬写了一幅扇面,写上恭呈某某恩师大人,托人送给他老师,谁知道他老师看了大为生气,一直告到张

书面称谓和礼仪用语

老夫人那里,可是没说明为什么生气。张老夫人当然懂,特地把老师请到家里,让张元济跪在老师面前请罪。张元济也不清楚自己写的扇面出了什么问题,惹得老师发这么大的脾气。张元济跪在地下听老师教诲,可是他老师只说了一句话:"你有几个老师?!"现在的人也许会觉得这位老师问的问题太离奇了,这跟张元济有几个老师有什么相干?发这么大脾气,究竟为了什么?可是,那个年代的人和张老夫人都明白张元济错在哪里了。进士的地位不比现在的院士低,并且中了进士以后做官就不是小官,因此进士的老师也就在社会上有了特殊的地位。如果这位进士有很多老师,那么究竟是谁培养出这个进士来,就说不清楚了。张元济只有一位老师,按理应该写"恩师大人"就对了,不应该带姓带名,一带姓带名就似乎暗示还有其他多位老师,所以他的老师就发火了。好不容易培养出一个进士来,结果学生却不认为是他培养的,而是很多老师一块儿培养出来的。如果懂得当时的称谓习惯,也就能懂这则小故事的含义了。当面叫老师的名字,或者是连姓带名称呼老师可以说是大不敬,现在的人也不会这么不懂礼貌,但是背后对老师直呼其名的例子是有的,不过那也是非常不合规矩和礼貌的。我一个学生跟我说,有一次他一位师姐跟他说话就对我直呼其名,某某某怎么怎么,他非常生气,说这位师姐太不像话了。其实这种事情现在常有。在背后直呼老师的姓名而不加老师两字含有一点儿瞧不起这个老师的意思,还算是好的。有的人自己有了一定地位,譬如说,已经当上了教授,尽管别人都知道他是某某某先生的研究生,而且这位某某某也是著名的专家,不过只是单纯的学者,没有权势,不可能给他带来特别的好处,所以要有人问他的师承关系,他从来不提他导师的姓名,而永远回答:"我是北大的。"其实他在北大只是上了本科,并不是北大的研究生。他觉得他老师没有旗号可打,还不如打"北大"的旗号。这是十足的实用主义和市侩主义,在这种人身上一点儿中华民族的礼仪观念都不存在了。还有的人是名牌大学某个著名学者的学生,可是他还觉得他的老师不够有名,特别是不够有权有势,因此耻于启齿,从来不提导师的姓名。还有的人在别人面前口口声声说自己是黎锦熙先生的学生,可是业内人士都清楚黎锦熙先生根本没有这么一个学生。有一次我到香港开会,城市大学的一位教授跟我说:"你有一个学生在我们这里读博士,要不要让她来见见你?"我问是谁,他一说我就愣了,这个人根本不是我的学生,也从来没有听过我的课,仅仅是我们学校一个研究所的工作人员。大概她觉得说是我的学生对她在香港城市大学读博士有利,就冒充是我的学生。更有甚者,有一年,我内人评副高职称的时候,要写过去上过什么课。她曾经给人民大学编译室的翻译开过法语课,可是找了住在我们同院一个上过她的课的翻译写证明时,他居然说他从来没有上过我内人的法语课,不认账了!面对这样的现实,除了长叹一声"人心不古",还能怎么着呢?当然,恪守中华传统美德的人还是多数,不尊重师长的人还是少数。

师生关系要说简单也简单,那就是老师和学生的关系;但是说复杂也相当复杂,因为有些关系很特殊,说不清楚算什么关系。

一般说，研究生和导师之间的师生关系是最典型的，因为研究生只有一个导师，一个导师也不可能有太多的学生，而且相处时间也比较长，相互关系比较密切。但是研究班和学位班的学生和导师之间的关系就显然没有正规研究生跟导师之间的关系那么密切，而研究生跟学位论文指导教师之间的关系就更加特别，有的人认这种关系，有人就不太认这种关系，这就要看各人的态度了。例如前面说的张志公先生和吕叔湘先生之间的关系跟真正的师生关系还是不太一样，张志公先生对吕先生也并没有完全执弟子礼，在公开场合也没有强调他是吕先生的学生，因此他们之间的关系并不像外人所想象的那么亲密，似乎他们之间的关系一直停留在人民教育出版社期间的同事关系。张志公一直称吕先生为"吕先生"，称吕师母为"吕师母"，却从来不称"先生""师母"。如果张志公的确认吕先生是他的老师，就该称吕师母为"师母"，免"吕"字。这些细微的地方现在的年轻人很少注意。正因为这些复杂情况，就不好说吕先生晚年的一些正规研究生跟张志公先生应该算师兄弟，算同一辈的

礼仪用语 和 书面称谓

人,还是属于两辈的人。这样,他们之间的关系就要看他们在社交场合相互能认可的称谓了。在这种场合,年龄还是会起一定作用的,年轻人对年长的宁可客气一点儿,那样总不至于失礼。在学术界一般谦虚一点儿有好处,不是同辈人而且关系特别密切的,不要轻易跟别人称兄道弟,称"先生"总没有错。当然,过分谦虚也不对。学术界的"前辈"有两种含义,一种是指师长辈,一种是指同一辈中较早步入学术界的或年长的,对这两种人尊称"先生"都没错,相反,称兄道弟就会失礼。

　　以前建立师生关系有一个拜师的仪式,因此是不是师生关系非常明确,现在没有这些礼仪了,关系就不那么明确了。例如你是某所大学中文系60年代的本科生,教过你现代汉语、古代汉语、语言学概论等等专业课的老师应该是你的老师,你们之间有师生关系,可是教过你历史课、外语课、体育课的老师怎么算?现在的情况是可算可不算,至于没有教过你的其他当时在校任教的各位老师和你的关系就更要看双方的态度了。现在承认教过自己课的老师是老师的就很少了,其他老师更谈不上了。不过，有用的老师除外，有用的不管教没教过自己的都可以认为是"老师"。过去的情况和现在不太一样，你在哪个学校上学，那么这个学校所有的老师按名分都是你的老师，尽管具体的关系有亲疏之分，但是见了面，写个信，都会执弟子礼。不过，要在社会上称自己是某某人的学生也跟现在一样严格，只有给自己上过课，指导过学位论文，真正的导师，才能说是自己的老师，才能在写信时自称"受业"某某。师生之间的关系是相互的，你认某位老师是你的老师，老师也认你是他的学生。在学术界即使在现在，很多人，特别是在学术界有一定地位的人还是很看重师承关系的，因为"名师出高徒"不完全是一句空话。如果一个青年人申请读博士或者找工作，相关单位的专家还是要考虑这个年轻人是不是学术界名人的学生的，而名人专家之间互相照顾一下彼此的学生也是常理。还有的历史悠久的学校到现在还保留学派的传统，对师承关系就更加重视。现在唯一明确的师生关系是研究生和导师之间的关系，当然一些重点课程的老师和听过这门课的学生之间的关系也比较容易确认。如果没有比较正规的师生关系而自称"您的学生"或署名"学生某某某"是不恰当的,因为有"套近乎"之嫌。研究生和导师之间的关系很密切,至少是两三年到五六年在一起,所以师生关系是明确的,也是相当密切的。正规的师生关系,学生给老师写信什么的,应该称老师为"某某先生"或"某某老师/某某师"(过去"某某"要称"字",不用"名",现在就不那么讲究了,而且不少学者现在"名""字"合一,不分"名"和"字"了),自称"受业某某",过去没有自称"学生"的。面称老师,只能称"先生"或"老师",一般免"姓",加姓显得疏远,而对非授业老师就要加"姓",称"张先生/老师""李先生/老师"等等。回过头来,老师称学生为"某某兄",对本校或其他学校非自己授业的青年,不论男女,都可以称"某某学兄",这是传统的师生之间称谓方面的常规。

(三)亲友称谓

"令""家"和"舍"

传统书面社交称谓中尊称对方的亲属都要在

书面称谓和礼仪用语

前面加"令",并且对对方父母子女都有一些专门的特殊称谓,如称对方的父亲为"令尊/令严",称对方的母亲为"令堂/令慈",称对方的儿子为"令郎",女儿为"令爱",称对方的妻子为"嫂夫人",至于"令伯父""令甥""令弟""令妹"等等就只需要加个"令",没有特殊的称谓。称自己的亲属用谦称,称自己的长辈和比自己大的平辈,前面加"家",如"家父/家严""家母/家慈""家叔""家兄""家姊/家姐"等,称辈分或年龄比自己小的前面加"舍",如"舍弟""舍妹""舍侄"等。称自己的儿子为"犬子""小儿"。"犬子"这样的称谓三四十年代在新派人物中间就已经不用,1949年以后在境外也很少见,基本上已经退出传统的称谓系统。

"世"

过去重视家族之间的关系,如果双方多年交厚,但是没有亲戚关系,那就是所谓"世交"关系,晚辈称长辈为"世伯""世叔",长辈称晚辈称"世兄",如《红楼梦》中北静王称宝玉为"世兄"就是这种用法。

"外子"和"内人"

过去只有职业妇女才有社交活动，口头或书面称丈夫为"外子"或"我（们）先生"，丈夫背称妻子为"内子/人"或"我太太"。这显然比现在直接称"爱人"文雅一些，因为"爱人"有歧义，没结为夫妇的"情人"也是"爱人"。现在有人喜欢直呼"老公""老婆"，这在过去是绝对不行的，因为这样的称呼只限于社会最下层的称谓，并且也从来不用于面称。前些年有一部电视剧，里面一位女演员称对方的丈夫为"你的外子"，那是绝对错误的。"外子"只能指自己的丈夫，同时也限于背称。过去"男主外，女主内"，所以才有"外子""内人"之称，按理应该废除，但是比"爱人"文雅，似乎也可以保留。对对方的丈夫，也可以称"你先生"，对对方的妻子，过去尊称为"嫂夫人"，现在口头称"大嫂"，也就是这个意思。至于"拙荆""贱内"这些称谓当然应该扬弃。

"贤"和"愚"

亲属之间的称谓过去和现在变化不大，但是传统书面称谓中，长辈称小辈和年长的称年幼的往往前面加"贤"字，如"贤侄""贤甥""贤弟"等，长辈和年长的自谦为"愚"，如"愚叔""愚兄"等。可是也有不好办的。有一次我收到家乡一个远房侄孙的来信，他称我为"叔祖大人"，我犹豫了，回信怎么称呼。考虑再三，我觉得自称"愚叔祖"不妥，改为"愚叔公"，避开了"祖"字，改用我们家乡对男性远房祖父一辈的常用称谓"公公"的说法，自称"愚叔公"。但是"贤侄孙"还是很别扭的，可见传统书面称谓也不是完美无缺的，如果要沿用，也要与时俱进，不断更新。对直系长辈过去只有"（祖）父/母（亲）大人膝下敬禀者，儿/孙某某"这种格式，现在没有必要沿用，现在通用的格式是"父亲/母亲"，然后先问候，再叙事，末了署"儿/女某某"。过去自称都用小写，也就是在直行书写时偏右小一号字写。信中凡涉及长辈和对方时都要换行顶格，这种格式改

书面称谓和礼仪用语

为横写以后很少沿用了。但是现在信末祝颂语换行顶格就跟传统的书写格式有关。

（四）社交称谓

过去在商界相互通信常用"某某仁兄先生台鉴"开头，如给商界使用的《秋水轩尺牍》，每一封信开头几乎都用的是"某某仁兄先生台鉴"。现在境外商界使用什么样的称谓不清楚。商界书信和信封上常称对方商号为"宝号"。

"仁兄"在一个很长的时期里是社会上不相识的、年龄地位相差不大的人之间常用的称谓，这在旧白话小说中常见。可能是用多了，在某些场合产生贬义，所以直到现在偶尔还可以听到"咳！这位仁兄可不怎么的"那样的贬义称谓。因此这样的旧称谓不宜保留和提倡。

传统称谓在书信中的开头称谓后面常常加"某鉴"字样。平辈亲友之间常用"大鉴""台鉴"，对上司或官长常用"钧鉴"，对德高望重的前辈有用"道鉴"的。信封上过去常用"某某某先生台启"，对官员用"钧启"。要保密不让别人拆看时用"某某某先生亲启"，意思是别人别"启封"。

不过有人愿意用"足下"敬称对方，我觉得还是可以的。至于民国初年以后一段时间里，不少高级知识分子喜欢自称"鄙人"，还常常误写为"敝人"，那我看就大可不必了。

过去传统的书面称谓不止这些，但是很多是现在用不到的，例如过去官场的称谓这里就没有涉及，还有一些由于时代和社会的变迁，现在是完全没有用的，如过去称对方的小老婆为"如夫人"之类，所以没有必要一一细说。上面谈到的限于现在有人误用或还有一点儿用处，而且国内或境外华人还在用的书面称谓，供参考而已。

"过去"是一个模糊概念，可以远到先秦，近到解放前，清代梁章钜著有《称谓录》，专讲古代的称谓，福建人民出版社2003年出版了一本王释非和许振轩的点校本，有兴趣的读者可以参考。

有这样一些参考书，有关的内容本书就概不涉及了。

[附]

我们在上世纪70年代曾经对当时北京的称谓系统进行过一次调查，这可以作为一个研究此前此后的称谓的参照系统，因此附在后面供参考。

附录 70年代北京话的称谓系统[1]

引言

每一种语言或方言的称谓系统都有浓厚的民族特色、地方特色和时代特色。在发生巨大社会变革的时期，称谓系统也会随之发生急骤的变化。[2]

（一）亲属称谓

以下用书面语作本项，后列北京话的称谓形式。称谓形式又分为面称和背称两种：面称是当面的称呼；背称是指不是当面的称呼，但不是指被称呼者一定不在场时的称呼，如向别人介绍自己的父亲，虽然父亲在场，但不是直接称呼父亲本人，而

书面称谓和礼仪用语

是向别人作介绍,因而是背称,不是面称。

面称最能反映方言特色,背称除了使用当地方言的称谓外,经常使用书面语,如北京话背称外祖父是"姥爷",但是也使用书面语"外祖父",乃至"外公"。

过去在社交场合还有敬称和谦称,如称对方的父亲为"令尊",称自己的父亲为"家父""家严"等等。解放以后这类称谓基本上已经不使用了,但是在大力提倡使用礼貌语言的情况下,其中某些称谓也有可能再次启用。敬称和谦称使用旧书面语,因此全国一致,没有方言差别。本文将不涉及旧式的敬称和谦称。

根据不同的亲疏关系,不同的场合,在北京使用三种不同的语体:在亲朋之间使用家常语体,用北京话;在一般社交场合使用社交语体,用普通话;在特别隆重的场合用正式语体,一般是直接用书面语。

1 父亲

　　面称：爸，爸爸。

　　背称：爸爸，爸；父亲。

　　按：在文艺作品和电影中使用普通话的"爸爸"。目前北京话使用得比较普遍的是单音节的"爸"，"父亲"是书面语。在北京话和书面语之间一律用分号（；）隔开，以资区别。

　　张寿康先生说，根据他个人的了解，解放前面称父亲用"爸爸"，这些人现在都起码四十以上了。年轻人，包括三十多岁的人，现在面称父亲用单音节的"爸"，相应的背称是"我爸爸"和"我爸"。现在不少电视剧里面让子女面对父亲叫"父亲"，听了别扭极了，实际生活中没有这样的称谓。

2 母亲

　　面称：妈。

　　背称：妈，妈妈；母亲。

　　按：张寿康先生说，母亲从来称单音节的

"妈",背称同面称。背称用"妈妈"的是少数娇惯了的小儿女。又说,过去城内称继母或庶母为"娘"。

3 祖父

　　面称:爷爷。

　　背称:爷爷;祖父。

4 祖母

　　面称:奶奶。

　　背称:奶奶;祖母。

5 曾祖父(母)

　　面称:老祖(儿)。

　　背称:老祖(儿),老祖奶奶;曾祖父(母)。

　　按:目前四世同堂的情况已很少见,因此曾祖一辈一般不再分性别,统称"老祖儿",必要时才分性别,如称曾祖母为"老祖奶奶"。汉族人称外曾祖父母为"祖姥爷""祖姥姥",旗人有的不分内外,都称"老祖儿""老祖奶奶"(如徐仲华先生),五世祖又称"老太爷""老老祖儿"等,目前更不常见了。

6 外祖父

　　面称:姥爷。

　　背称:姥爷;外祖父。

　　按:"姥"是俗写,也有径写"老"的。

7 外祖母

　　面称:姥姥。

　　背称:姥姥;外祖母。

8 伯父

　　面称:大爷。

　　背称:大爷;伯父。

　　按:如果有几位伯父,除大伯父称"大爷"外,其余的按排行称"二大爷""三大爷"等。亲属称谓中凡有排行的都这样称呼，如"二叔""三婶儿""四弟""五妹"等等。排行第一的是"大"，如"大哥""大姐"等。排行最后的称"老"，如最小的姑姑是"老姑"，最小的叔叔是"老叔儿"。还有"老婶儿""老姨儿""老舅""老舅妈""老姨夫""老姑夫"等。以下不再一一注明。

9 伯母

　　面称：大妈。

　　背称：大妈；伯母。

　　按："大妈"的"妈"在面称时有重音，背称时读轻声。

10 叔父

　　面称：叔儿。

　　背称：叔儿；叔父。

　　按：张寿康先生说，三四十年前称"叔"为"爹"，如"二爹""三爹"等，称"姑"为

"娘",如"二娘儿""三娘儿"等。

11 叔母

面称:婶儿。

背称:婶儿。

12 姑母

面称:姑姑,姑妈(二姑、三姑等)。

背称:姑姑,姑妈;姑母。

按:单独一个姑姑称"姑姑",已婚的称"姑妈",过去也有称"娘儿"的。不止一个姑姑的,一般有排行,称"二姑""三姑"等。少数人家称未婚的姑姑为"姑爸",已婚后称"姑妈"。已婚女子回娘家时尊称为"姑奶奶"。凡重叠双音节的称谓加排行时省去一个音节,如"姑姑"加"二"省为"二姑","弟弟"加"三"省为"三弟"等。

13 姑夫(父)

面称:姑夫(父)。

背称：姑夫（父）。

按："夫（父）"读轻声。

14 舅父

面称：舅舅。

背称：舅舅；舅父。

15 舅母

面称：舅妈。

背称：舅妈；舅母。

按："妈"读轻声。

16 姨母

面称：姨儿。

背称：姨儿；姨母。

17 姨夫（父）

面称：姨夫。

背称：姨夫；姨夫（父）。

18 哥哥

　　面称同背称：哥哥，哥（或大哥、二哥等），称名。

　　按：现在的年轻人大多用单音节的"哥"或称名。

19 嫂子

　　面称同背称：嫂子。

20 姐姐

　　面称同背称：姐姐，姐。

21 姐夫

　　面称同背称：姐夫。

22 弟弟

　　面称同背称：称名，称"老几"（老二、老三等），兄弟，弟弟。

　　按：新派称"弟弟"，老派称排行加"兄弟"，如二兄弟、三兄弟等。

23 弟妇

面称：妹妹，弟妹。

背称：弟妹，兄弟媳妇。

24 妹妹

面称同背称：称名，妹妹。

按：现在的年轻人背称也常用单音节的"妹""我妹"。

25 妹夫

面称同背称：妹夫儿；妹夫。

26 儿子

面称：称名。

背称：[老派]儿子，小子（年幼的），大孩子，二孩子等。

按：称名一般称小名，常儿化，但也有称学名的。背称老派也有称"学生"的。面称和背称，不论老派和新派也有称"老几"的。

27 儿妇

　　面称：称名，姑娘。

　　背称：儿媳妇儿。

　　女子背称丈夫的父亲为"公公"，母亲为"婆婆"，背称丈夫的哥哥为"大伯（bǎi）子"，弟弟为"小叔子"，姐姐为"大姑子"，妹妹为"小姑子"。

28 女儿

　　面称：称名或径称"丫头""姑娘"。

　　背称：[老派]"闺女""丫头"；[新派]"闺女""女儿"。

29 女婿

　　面称：称名，姑爷（敬称）。

　　背称：姑爷，女婿，称名。

男子在妻家对妻家亲属面称随妻子。

男子背称妻子的父亲为"老丈人/岳父",母亲为"丈母娘/岳母";背称妻子的哥哥为"大舅子",弟弟为"小舅子",姐姐为"大姨子",妹妹为"小姨子"。

30 侄儿

面称:称名。

背称:侄儿,侄子。

女子背称娘家侄子为"内侄"。

31 侄妇

面称:称名,姑娘。

背称:侄儿媳妇儿。

32 侄女

面称:称名。

背称:侄女儿。

33 外甥

　　面称：称名。

　　背称：外甥。

34 （外）孙子

　　面称：称名，称小名。

　　背称：（外）孙子。

35 （外）孙女

　　面称：称小名。

　　背称：（外）孙女儿。

36 夫妻互称

　　面称：[老派]尽可能不用面称，用"哎"等叹词或"孩子他爸（妈）"等代用语称呼；[新派]称名，称姓名，称老张、小李等。

　　背称：[老派]"孩子他爸（妈）""我们那口子"等代用语；老伴儿；老头儿；[新派]爱人，老

书面称谓和礼仪用语

伴儿，老头儿。

（二）社交称谓

在社交活动中，由于人和人之间的关系不同、交际对象不同、亲疏不同、社交场合不同，使用不同的称谓。社交活动可以大体分为三类：一类是家常社交活动，也就是在关系比较亲近的熟人之间，如在邻里、战友、同事、同学之间的社交活动；一类是事务性或一般的社交活动，也就是因某种事务在不很熟悉、初次见面的人之间的社交活动；一类是比较隆重的社交场合，也就是在会议、宴会、典礼等隆重场合的社交活动。

1 家常社交称谓

在关系密切的邻里、战友、同事、同学、近友的家庭成员之间往往互相使用亲属称谓。越是全面系统地使用亲属称谓，越显得"亲如一家"。在男性长辈中分出"大爷""叔叔"，甚至分出不同排行，这就和本家人没有区别了，这是最亲近的称谓方式。

书面称谓和礼仪用语

老派的社交活动范围比较窄,限于亲友之间,因此尽可能采用亲属称谓。新派的社交活动比较广泛,较少采用亲属称谓,更多地使用家常社交称谓。

家常社交称谓可以分为通称和敬称两种形式。

(1) 通 称

①当事人之间

a. 称名。

b. 称姓名。

c. 称老张、小李等。

d. 称职务,如张老师、李师傅等。

从a到d依次从亲到疏。年轻人中间也有称"小某儿"("某"取名字中后一字为常)的,如"小柱儿""小娟儿",那是一种昵称。恋人之间在书面有单称名字中的一个字(以后一字为常)的,但在口语中少见。似乎有一条不成文法,称呼用的字越少就越显得亲密。

书面称谓和礼仪用语

"老张""小李"的"老"和"小"都是相对的,可以有五十多岁的"小董",二十岁的"老张",要看使用这一称呼的人的相对年龄。同一年龄的人用"小"表示亲切,用"老"表示一定程度的尊敬。对妇女一般不宜称"老"。

②晚辈对长辈

a. 长一辈

男:[老派]大爷,叔叔(根据对方不同的年龄来选择);[新派]叔叔。

女:[老派]大妈,大婶;[新派]阿姨。

"叔叔"是解放后流行起来的一种社交称谓,可能起源于"解放军叔叔"。这已经成为一种广泛流行的通称,不论年龄大小。但是让孩子称比自己年龄大的人为"叔叔",实际上是不太礼貌的。在南方流行的是"伯伯"(也不论年龄,"伯伯"可以比自己父亲年纪小),这比较礼貌。北京老派分"大爷"和"叔叔"最为妥善。

b. 长两辈

男：爷爷，老爷爷。

女：奶奶，老奶奶。

"爷爷"和"老爷爷"，"奶奶"和"老奶奶"不完全是年龄差别，而有亲疏之分，用"老"字的比较疏远。

③长辈对晚辈

a. 称名。

b. 称姓名。

④称呼对方配偶

a. 称姓名。

b. 称职务，如张老师、李师傅等。

c. [老派]大嫂。

（2）敬 称

①对工人的敬称

a. 某师傅。

b. 某头儿。

称授业的师父一般不带姓，直称"师父/师傅"。

②对干部的敬称

a. 某某某同志。

b. 称职衔，如张科长、李主任等。

"某某某同志"和"某同志"不同。"某同志"限于称呼不熟悉的人（往往还不知道对方的名字），"某某某同志"是称呼熟悉的人，加"同志"是表示尊敬，表示不直呼其名。除此之外还有"某某（名）同志"这样的称呼，一般是长者对年轻人的称呼，表示既亲切又礼貌。

本单位的下级称呼上级，用职衔可以不带姓，如称呼本科的张姓科长，可以直呼"科长"，不必带姓，但是称呼姓张的副科长应该带姓，否则会引起误会。不过，在熟悉的人之间称职衔不宜提倡。

③对知识分子的敬称

a. 某某某同志。

b. 称职务，如张老师、李大夫等。

c. 某先生。

"先生"在解放初期是对民主人士、旧学校教师的敬称，在革命队伍内部不是一种敬称。近年来，"先生"正逐步成为知识界，特别是学术界的一种敬称（无性别区分）。

学生称呼授业老师一般不带姓，直呼"老师"，称呼其他教师要带姓。

实行职称制度后，社交称谓可能会发生一些变化。就目前而言，称职称的限于工程技术人员，如"张工程师"（或简称"张工"），"张总工程师"（或简称"张总"）。"技术员""教授"等职称还极少用作称谓（在写初稿时情况如此，现在有些变化，至少在书面语中已经用得很多了）。

④对长者的敬称

a. 某老（取姓或取名字中的第一字）。

b. 某某老（取姓和名字中的第一字）。

例如称呼叶圣陶老先生，可以是"叶老""圣老""叶圣老"，后两种称呼除表示尊敬外，还表示亲切。

在学术界和知识界过去也通行称"公"，如"张公""李公"等。"公"用来称呼同辈中较年长的人或中年人。

2 一般社交称谓

在外出处理一般事务或在公共场合和人交往时使用一般社交称谓。

（1）事务交际称谓

　　a. 同志、师傅、大夫等。

　　b. 某同志、某师傅、某大夫等。

　　c. 某科长、某厂长等。

这部分称谓是最乱的。解放初期一律称"同志"，目前相当多的青年人不用"同志"，改用"师傅"等。

（2）公共场合和路途相遇时的称谓

　　a. 同志、师傅等。

　　b. 大爷，老大爷；大妈，老奶奶。

　　c. 小朋友，同学（对中小学学生年龄的人），学生。

　　用"哎""嗨"等表示呼唤的叹词来招呼不相识的人是极不礼貌的。

3 正式社交称谓

　　在比较隆重的交际场合使用正式社交称谓。

　　a. 某某某同志。

　　b. 某大夫、某师傅。

　　c. 某科长、某书记。

　　d. 某先生。

　　e. 某老（一般限知名人士）。

　　北京话的新的社交称谓系统目前还不很稳

定,也还有一些缺漏的环节,正处在一个不断完善的过程中。

按:从1985年开始,有人用"某老师"来称呼文艺界的人,虽然有关的同志并不是教师,如称姓张的播音员为"张老师",称姓李的演员为"李老师"。这是一种新的称谓方式,值得注意,原因恐怕是因为这一类人没有适当的称谓,所以借用"老师"。

[注]

[1]本文曾在日本的《中国语》1981年1月号上发表过。这次作为附录,稍有修正。

[2]读者有兴趣可以参考赵元任的《汉语称谓用语》,载英文版《汉语社会语言学问题》(*Aspects of Chinese Sociolinguistics*, Standford University Press, 1976)。

北京话的称谓系统和普通话有些不同。本文记录的是20世纪70到80年代北京汉族人的称谓习惯。